"探秘北京冬奥会"丛书编委会

主任
付晓辉　孙　柱　张　霞

副主任
汲传排　高云超　谢　军　韩　雯

编委会成员
王　琨　孙卫华　刘　沛　齐　欣
邹　奇　周林清　郝晓岑　黄丽娜

（所有排名不分先后，按姓氏笔画排序）

北京奥运城市发展促进会倾情呈现

探秘 北京冬奥会

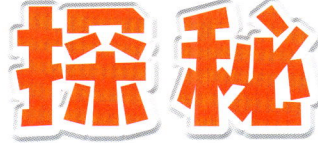

谢 军 / 总主编　苏如峰 / 主编

中国少年儿童新闻出版总社
中国少年儿童出版社
北京

北京冬奥知多少

冬季奥林匹克运动会简称冬季奥运会或冬奥会,是由国际奥林匹克委员会主办的世界性冬季项目运动会;冬季残疾人奥林匹克运动会简称冬残奥会,由国际残疾人奥林匹克委员会主办。

2022年2月4日和3月4日,第24届冬奥会和第13届冬残奥会将分别在北京开幕,北京成为迄今为止世界上唯一既举办过夏奥会,又举办冬奥会的城市。

北京2022年冬奥会、冬残奥会一共有3个赛区,分别是北京赛区、延庆赛区和张家口赛区。

想了解更多北京冬奥会的知识,请看《探秘北京冬奥会·趣谈知识》《探秘北京冬奥会·探索科技》。

目 录

延庆赛区概况 …… 2

高山滑雪 …… 5
项目介绍 …… 6
比赛规则 …… 10
比赛场地 …… 14
赛场故事 …… 15
运动装备 …… 16
知识问答 …… 18

雪 橇 …… 19
项目介绍 …… 20
比赛场地 …… 22
比赛规则 …… 24
赛场故事 …… 27
运动装备 …… 28
知识问答 …… 30

钢架雪车 …… 31
项目介绍 …… 32
比赛规则 …… 34
比赛场地 …… 38
赛场故事 …… 39
运动装备 …… 40
知识问答 …… 44

雪 车 …… 45
项目介绍 …… 46
比赛规则 …… 49
运动装备 …… 50
赛场故事 …… 53
比赛场地 …… 54
知识问答 …… 55

延庆赛区概况

延庆赛区有哪些比赛场馆？

北京2022年冬奥会延庆赛区有国家高山滑雪中心和国家雪车雪橇中心两个比赛场馆。

延庆赛区会产生多少枚金牌？

国家高山滑雪中心将承办冬奥会的高山滑雪比赛，共产生11枚金牌。同时，也会举办冬残奥会的高山滑雪比赛，共产生30枚金牌。

国家雪车雪橇中心将承办雪橇、钢架雪车和雪车的比赛，共产生10枚金牌。

这些项目为什么在延庆举行？

高山滑雪项目要求山体垂直落差在800米以上，在张家口和北京其他地区都没有符合条件的山体，延庆依托小海坨山天然山形，有利于高山滑雪的山体条件。同时，在延庆举办，有利于促进京张体育文化旅游带的建设。

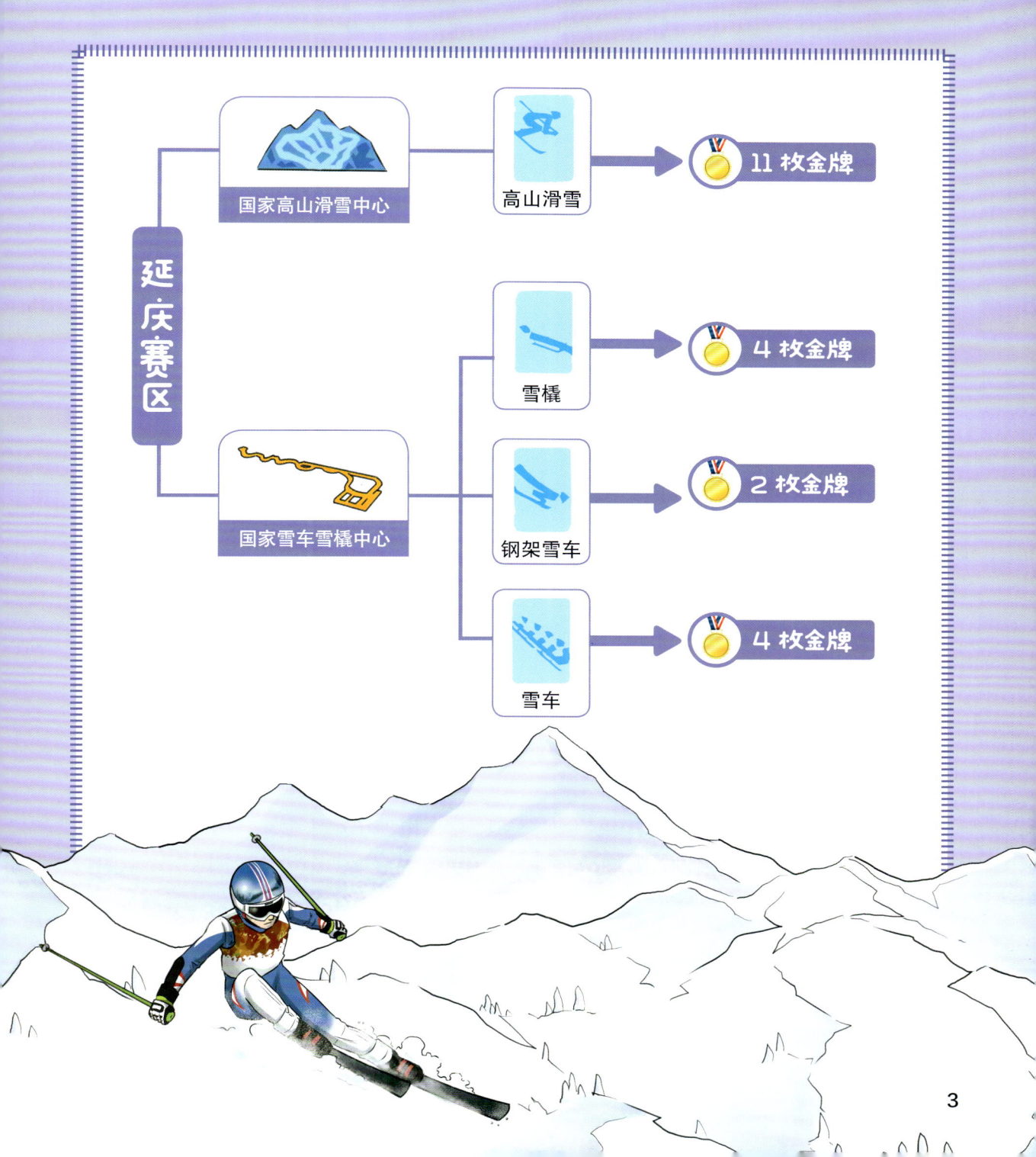

高山滑雪

项目介绍

高山滑雪又称"阿尔卑斯滑雪",是滑雪运动员脚蹬滑雪板、手持滑雪杖,从覆盖着厚厚积雪的高山上,沿着旗门设定的赛道转弯、滑降的一种雪上运动。

北京 2022 年冬奥会上,高山滑雪比赛共产生多少枚金牌?

比赛共产生 11 枚金牌

基本项目	男子项目	女子项目
回　　转	×1	×1
大 回 转	×1	×1
超级大回转	×1	×1
滑　　降	×1	×1
全　　能	×1	×1
混合团体	×1	

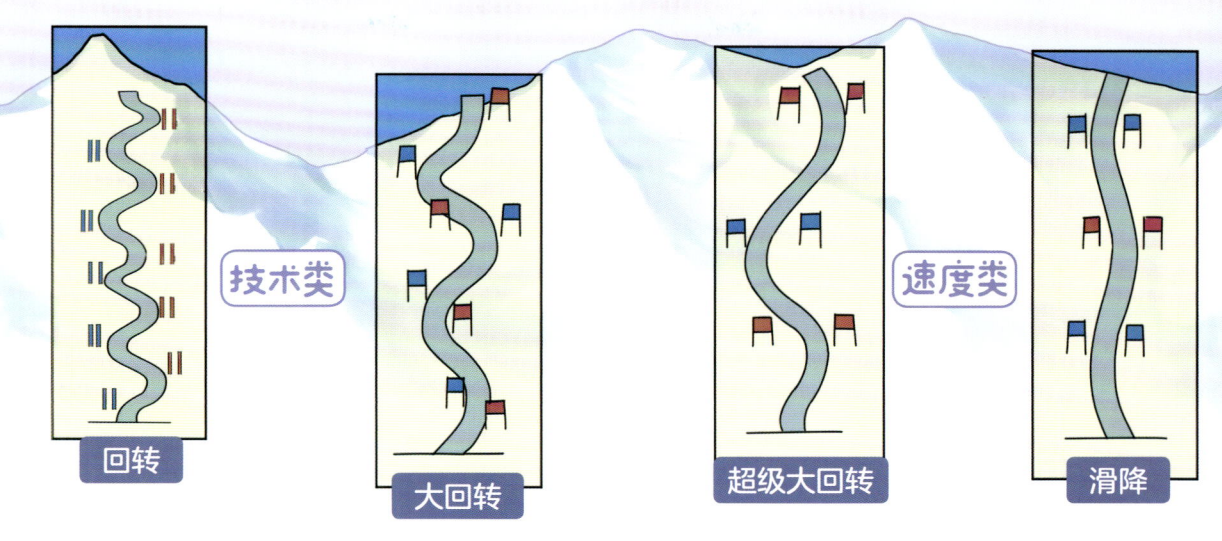

距离越来越长，垂直落差越来越大，速度越来越快

　　高山滑雪分技术项目和速度项目两种。技术项目分回转和大回转两种，速度项目分超级大回转和滑降两种。

　　滑降比赛是所有高山滑雪项目中线路最长、滑行速度最快的；回转男子项目一般设置55～75个旗门，女子项目一般设置45～65个旗门；大回转和超级大回转的比赛场地通常呈波浪起伏状；全能项目包括滑降和回转；混合团体赛的赛道使用大回转旗门进行平行比赛，旗门间距比回转项目长，比大回转项目短。

小贴士

高山滑雪起源于阿尔卑斯山脉。阿尔卑斯山脉是欧洲的最高山脉，平均海拔大约3000米，虽然不像我们的喜马拉雅山那么高大，但却跨越了法国、瑞士、意大利、列支敦士登、奥地利、德国和斯洛文尼亚等国家和地区。那里有许多闻名世界的滑雪胜地呢！

回转项目滑行时要连续转弯，而且要绕着设定好的旗门转弯，运动员们除了要迅速滑行转弯，还要足够准确地完成55~75个门的回转或45~65个门的大回转。

　　回转的旗门离得最近，转弯小而急，所以对技术的细腻程度要求最高。大回转的旗门较远，转弯更大，速度就更快，而超级大回转和滑降比赛速度则更快。

　　此外，北京2022年冬残奥会高山滑雪项目分别包括男子和女子的滑降、超级大回转、大回转、回转、全能共5个分项的比赛，每个分项比赛分站姿、坐姿、视力障碍3个组别，一共产生30枚金牌。

怎样赢得比赛？

　　在高山滑雪比赛中，怎样判定谁最终获得了胜利呢？

　　滑降、超级大回转、大回转、回转、全能项目比的是时间快慢，从山上到山下，按规定穿越旗门，用时最少的人获得胜利。滑降和超级大回转一轮定输赢，大回转和回转2轮比赛，总成绩是2轮成绩之和。混合团体赛共有16个团体参赛，每个团体2男2女，比的是得分，4个人累计得分最多的那支队伍获得胜利。

比赛规则

有趣的旗门

你知道吗？有一个小技巧，能让你马上判断出这是高山滑雪的哪个项目。

高山滑雪运动员在滑下来的时候要穿越一定数量的旗门，这些旗门一般设置在危险和颠簸地带，主要是为了保护运动员，避免运动员因滑行速度过快而发生危险。运动员碰到旗杆不算犯规，但如果错过一个旗门就算犯规，需要回去重新穿越，否则就不计算成绩。

旗门不同　项目不同

两根旗杆：回转、全能（回转）

四根旗杆两块旗布：滑降、超级大回转、大回转

> **小贴士**
> 旗门是高山滑雪项目特有的场地布置。

为什么有的旗门只有两根旗杆，有的旗门却由四根旗杆两块旗布组成呢？

那是因为高山滑雪的回转和全能项目回转的弯道非常密，旗门一般由两根旗杆组成，方便运动员转弯。而大回转、超级大回转、滑降的转弯幅度较大，所以旗门由四根旗杆两块旗布组成，旗门排布也越来越稀疏。

那么，你能通过右边的旗门判断这四个场地分别是高山滑雪的哪个项目吗？把项目名称和对应的图示连一连吧。

回转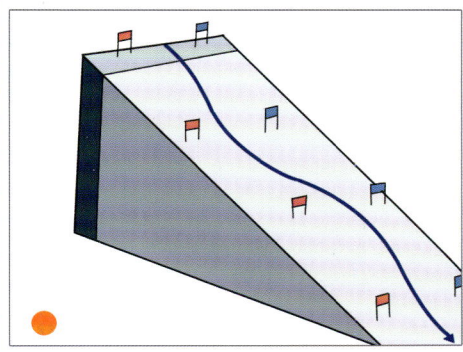

大回转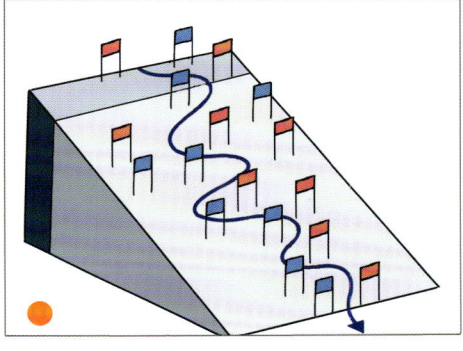

超级大回转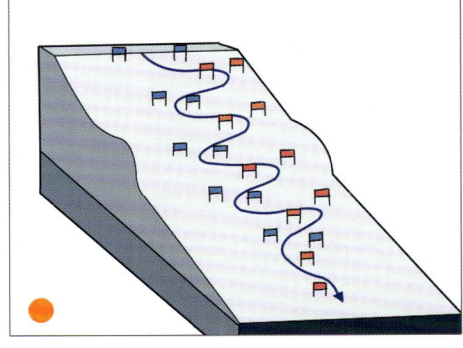

滑降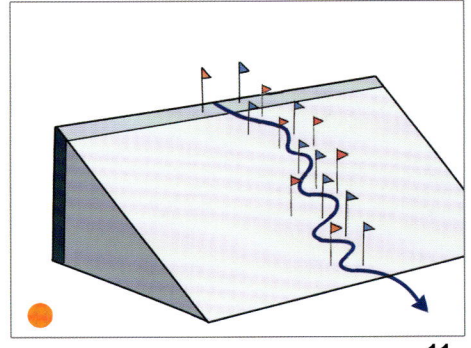

不一样的垂直高度差

冬奥会可不是随随便便任何一个国家都可以举办的,不仅要有丰富的冰雪资源,还要有多变的地形地貌。举办高山滑雪比赛必须要有雪和高山,那么高山的垂直高度差要达到多少才可以呢?

滑降男子项目
垂直高度差
800～1100米

迪拜哈利法塔
总高度828米

上海中心大厦
总高度632米

央视大楼主楼
总高度234米

回转男子项目
垂直高度差
180～220米

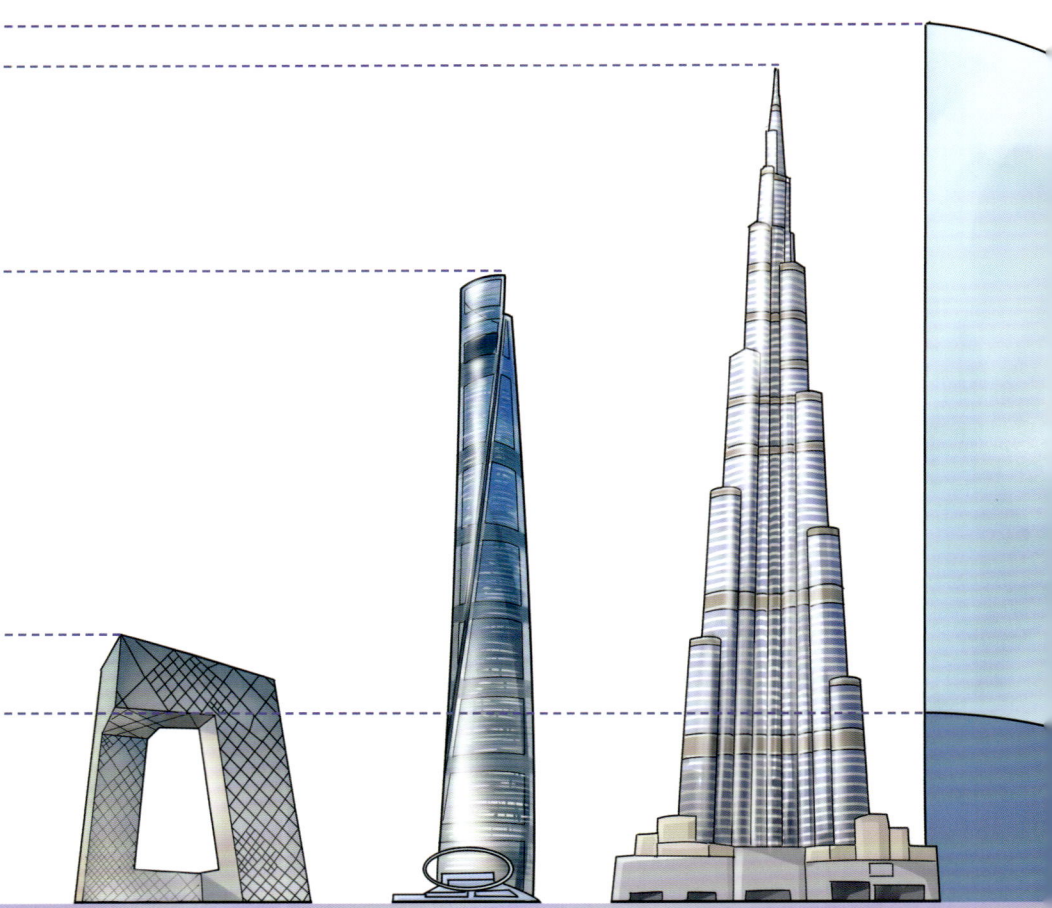

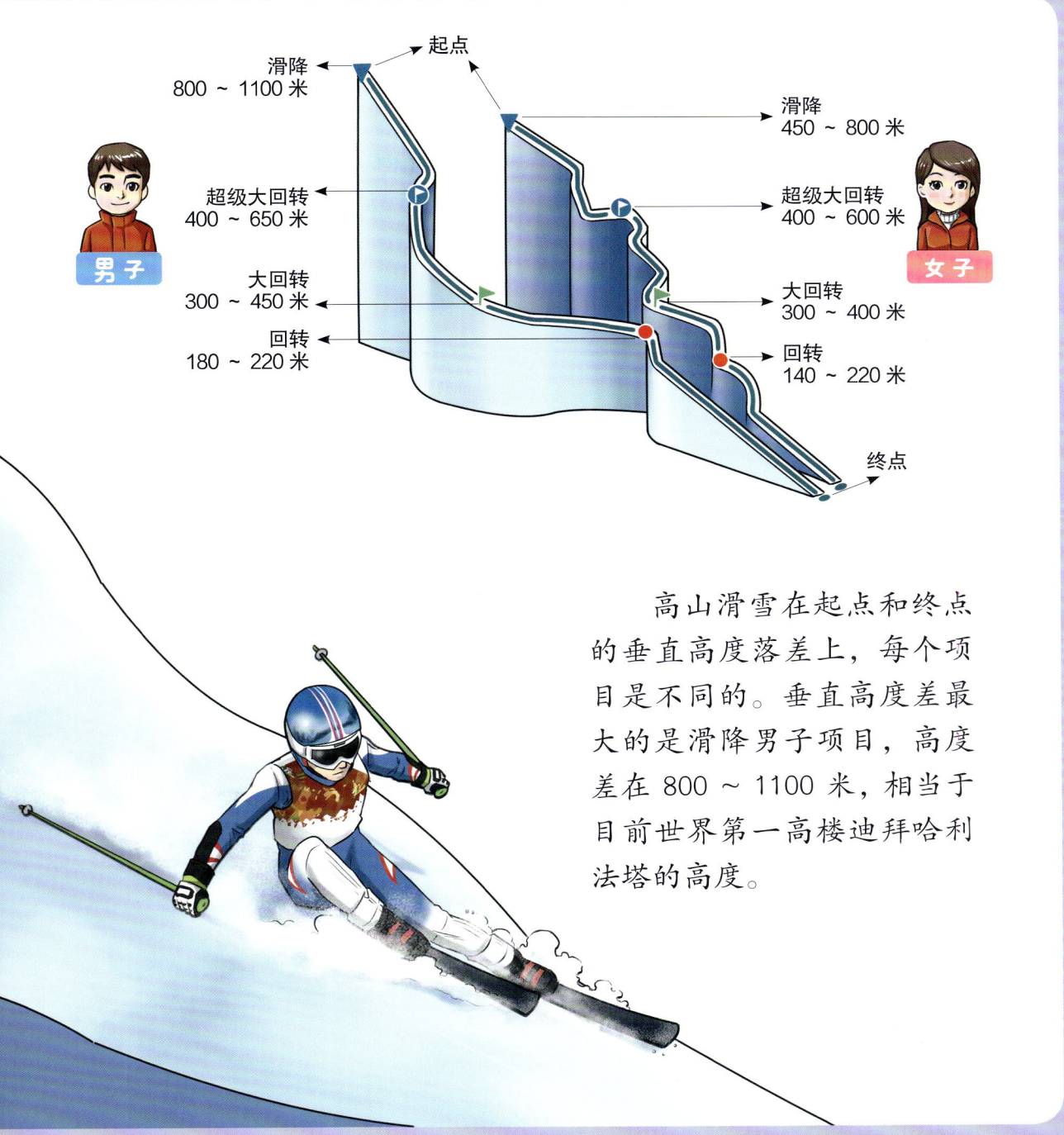

高山滑雪在起点和终点的垂直高度落差上，每个项目是不同的。垂直高度差最大的是滑降男子项目，高度差在800～1100米，相当于目前世界第一高楼迪拜哈利法塔的高度。

比赛场地

绿色冬奥,与自然和谐相融

国家高山滑雪中心位于北京延庆区西北部,享誉世界的八达岭长城就在这里。延庆赛区始终坚持绿色办奥,把建设奥运场馆同促进生态文明建设相结合,努力让体育场馆同小海坨山的自然景观和谐相融。

国内最高等级的高山滑雪赛道

高山滑雪项目将速度与技术完美地结合在一起,这个项目对场地山形、地貌、坡度、气象等指标要求苛刻,对场地设计、建设要求标准很高。

国家高山滑雪中心依托小海坨山天然山形,建设了7条雪道,全长21千米,落差约800米,是国内最高等级的高山滑雪赛道,也是国内唯一符合冬奥会标准的赛道。

赛场故事

一位超级厉害的高山滑雪冠军

在20世纪60年代,法国有一位高山滑雪运动员——让-克劳德·基利,他是当时最伟大的滑雪运动员。在1966～1967赛季,基利获得了世界杯16项比赛中的12个冠军。在格勒诺布尔1968年冬奥会高山滑雪男子比赛中,基利先是以0.08秒的优势拿下滑降项目的金牌,接着在大回转项目中,以两秒多的优势夺冠。随后,通过两轮的比拼,基利最终拿到回转项目的金牌,成功横扫高山滑雪,独自赢得了3枚金牌,成为法国人心目中的偶像和备受推崇的体育明星。

其实,基利5岁时就穿上了滑雪板,19岁被选拔参加1962年的世界滑雪锦标赛,由于他摔断了踝关节,痛失参加那次锦标赛的机会,但他是一个坚强的滑雪者,他说,你必须有强烈的渴望并依靠你的自信心……正是这种精神一直支撑着他,让他取得了一次次的胜利。

基利不仅在体育事业上获得了巨大成功,入选有史以来最伟大运动员名单,而且在商业领域也很有建树,成为可口可乐公司和著名钟表品牌劳力士公司的董事。

运动装备

高山滑雪作为山坡上速度与技巧相结合的运动，运动装备可是这项运动中很重要的部分。高山滑雪的装备主要有四大件——滑雪板、滑雪鞋、固定器、滑雪杖。高山滑雪服装也包括四件（"一大三小"），大件是滑雪服，三小件分别是滑雪手套、滑雪头盔（滑雪帽）和滑雪镜。

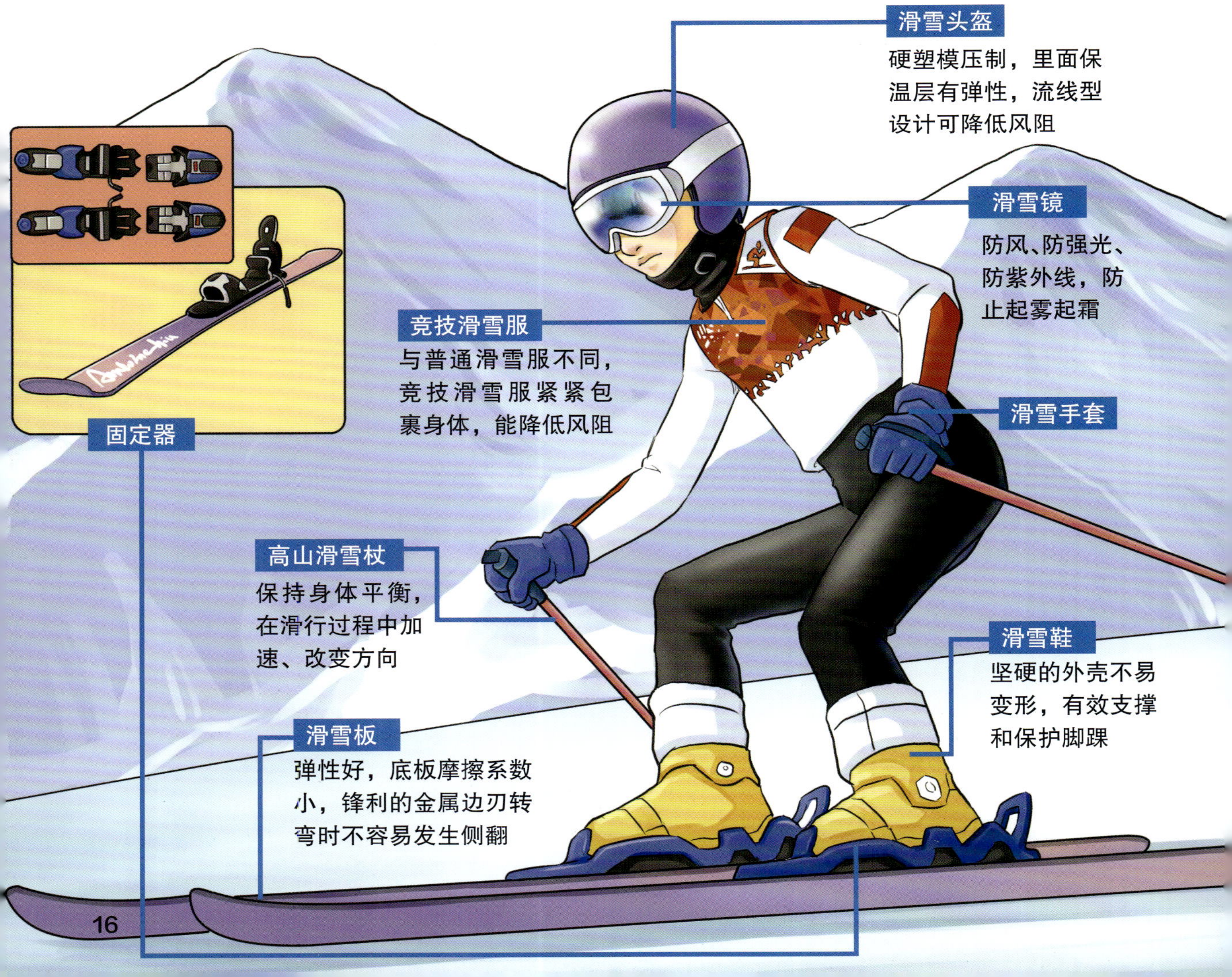

滑雪头盔
硬塑模压制，里面保温层有弹性，流线型设计可降低风阻

滑雪镜
防风、防强光、防紫外线，防止起雾起霜

竞技滑雪服
与普通滑雪服不同，竞技滑雪服紧紧包裹身体，能降低风阻

滑雪手套

固定器

高山滑雪杖
保持身体平衡，在滑行过程中加速、改变方向

滑雪鞋
坚硬的外壳不易变形，有效支撑和保护脚踝

滑雪板
弹性好，底板摩擦系数小，锋利的金属边刃转弯时不容易发生侧翻

高山滑雪的滑雪杖为什么有的是直的，有的是弯的？

高山滑雪杖主要用于保持身体平衡和在滑行过程中加速、改变方向等，分为直杖与弯杖两种。直杖适合回转，方便撞击旗门；弯杖适合滑降和超级大回转，具有减小风阻的作用。当运动员在斜坡滑雪时，需要收杆，杆弯曲的地方会更好地贴近运动员的身体，从而起到减少空气阻力的作用。

装备	滑降	超级大回转	大回转	回转
滑雪板	板长：218厘米（男）210厘米（女）板腰：≤65毫米	板长：210厘米（男）205厘米（女）板腰：≤65毫米	板长：193厘米（男）188厘米（女）板腰：≤65毫米	板长：165厘米（男）155厘米（女）板腰：≥63毫米
滑雪杖	弯杖	弯杖	直杖	直杖
滑雪头盔	全盔	全盔	全盔	全盔或半盔

滑雪板长度均指最小长度

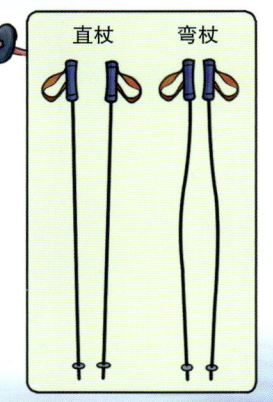

小贴士：滑雪杖应该怎样握？

正确的握杖方法是把手从下向上穿过环状握革带，手掌同时握紧雪杖握柄和握革带。

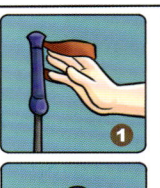 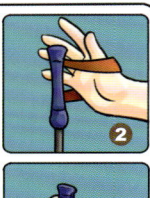
 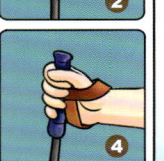

知识问答

请在正确答案的序号上画"√",你还可以在本书中找到相关资料检查一下哟。

北京2022年冬奥会高山滑雪比赛一共产生多少枚金牌?(单选)

A　10枚
B　11枚
C　12枚

高山滑雪比赛中,滑行线路最长、滑行速度最快的是哪个项目?(单选)

A　滑降
B　回转
C　超级大回转

高山滑雪为什么也叫"阿尔卑斯滑雪"?

提示:高山滑雪因为起源于欧洲的阿尔卑斯地区,所以又被称为阿尔卑斯滑雪。由于北欧经常处在冰天雪地的环境下,所以在五千多年前就已经有了滑雪这项运动,它是由原始狩猎发展而来的,后来又逐渐成为一种交通方式在北欧流行起来。

为什么滑雪运动员不直接滑下来,而是要绕着旗门滑?

提示:旗门是高山滑雪项目特有的场地布置。这些旗门一方面规定了运动员的滑行路线,另一方面,旗门一般设置在危险和颠簸路段,主要是为了保护运动员,避免运动员因滑行速度过快而发生危险。

为什么雪橇是"勇敢者的游戏"?

雪橇比赛最高时速能达到140千米,和我们国家Y字头旅游列车的速度差不多。这么快的速度,一不小心,就容易"翻车",所以说,雪橇比赛是对运动员生理极限的挑战,考验着运动员的操控技术和心理素质。他们躺在雪橇上,不仅要保持流线型姿势,还要密切关注自己的滑行位置,尽力控制雪橇的平衡点,冷静沉着、快速反应,整个比赛过程惊险刺激、惊心动魄。

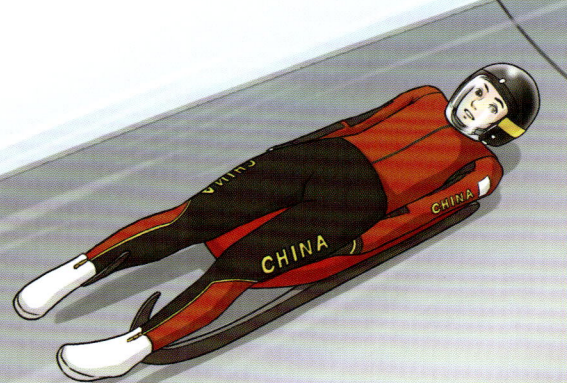

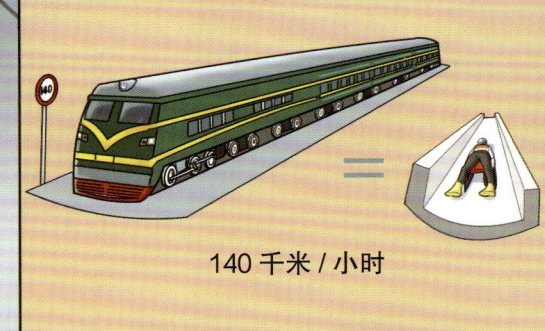

140千米/小时

北京2022年冬奥会雪橇比赛一共产生4枚金牌。竞赛项目包括男子单人、女子单人、团体接力和双人雪橇,其中双人雪橇为自由性别项目。

北京2022年冬奥会上,雪橇比赛共产生多少枚金牌?

基本项目	男子项目	女子项目
男子单人	×1	
女子单人		×1
团体接力	×1	
双人雪橇	×1	

比赛共产生4枚金牌

比赛场地

北京2022年冬奥会15个比赛项目中有3大滑行项目，分别是雪橇、雪车和钢架雪车。

北京2022年冬奥会3大滑行项目需要借助相应的滑行工具来完成比赛。比赛场地也很特殊，需要人工搭建的专业赛道进行比赛，这个专业赛道，就是国家雪车雪橇中心。

独特的建筑造型

国家雪车雪橇中心是一座具有中国气质的场馆。场馆设计像一条游龙飞腾于山脊之上，嬉游于山林之间。

场馆采用了世界顶尖水平的设计，在弯道数量、赛道长度、速度、难度等方面全面超越了平昌和索契冬奥会。

地形气候保护系统

建设者结合赛道形状、自然地形和人工地形，研发出钢木组合结构的人工地形气候保护系统。

遮阳屋顶

和其他国际赛场不同，国家雪车雪橇中心增加了一个赛道遮阳屋顶，能有效保护赛道冰面免于受到各种气候因素影响，避免阳光对运动员的视线影响，确保赛事高质量进行。

最大限度降低能源消耗

延庆赛区使用太阳能、风能、抽蓄式电能，实现清洁能源的大规模使用。

比赛规则

雪橇比赛的特殊要求

雪橇比赛特别强调公平比赛，冬奥会组织方也从比赛公平的角度对雪橇比赛提出了一些要求。如，男选手体重不能低于90千克，女选手体重不能低于75千克。如果体重低于标准，选手需增加自身的附加重量。雪橇比赛的连身服最多重4千克。

雪橇不得安装制动装置，任何类型的机械制动装置都被禁止使用。

起点
起点
路线
终点
"U"型急弯
"S"型弯道

男子雪橇线路全长 1000～1350米
女子雪橇线路全长 800～1200米

体重大于90千克
体重大于75千克

雪橇比赛是一项竞速运动，比赛用时最少的运动员，会获得冠军。运动员出发时，坐在雪橇上，双手借助起点助栏，用力向后推，使雪橇以最快的速度向前启动，迅速冲向终点。

在正式比赛中，男、女单人项目每个国家和地区限报3人，每名运动员共滑行4轮，以4轮滑降时间总和计算名次，总用时最短者获胜。

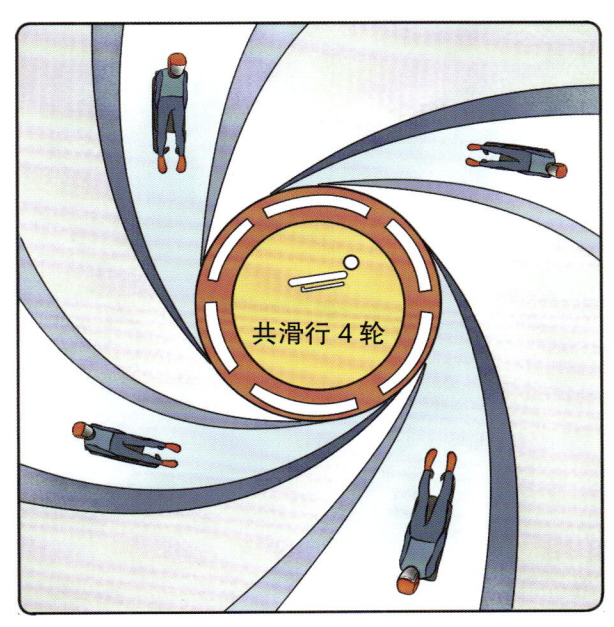

共滑行4轮

总用时最短者获胜

比赛晋级规则 → 第1轮 — 第2轮 — 第3轮

单人比赛共进行4轮滑行

以抽签决定比赛顺序，前3轮滑行用时最短的前20名晋级第4轮

第4轮

4轮的滑行时间合计起来，用时最短者获胜

雪橇比赛的双人项目每队不得超过2名运动员。比赛共进行2轮滑行，以2轮滑降时间总和评定名次，用时短的队伍获胜。

比赛晋级规则	第1轮	第2轮
双人比赛共进行2轮滑行，2轮滑行的时间相加后，用时最短的队伍获得胜利	以抽签决定比赛顺序	以第1轮的滑行成绩来决定第2轮的出场顺序

雪橇团体接力是由1名男子单人选手、1名女子单人选手、1对双人选手组成。第1名选手通过终点线拍击弹板后，第2名选手开始滑行，依此类推。通过比较每个团队第1名选手到最后一名选手的整体滑行时间，用时最短的团队获得最终胜利。

赛场故事

看不见雪的国家，如何走到冬奥会的舞台上？

平昌2018年冬奥会有很多的历史值得书写，其中对于非洲代表团来说，最值得铭记的就是首次参加雪橇项目的尼日利亚代表团。作为一个位于西非东南部，属热带草原气候，压根儿看不见雪的国家，是如何走到冬奥会的舞台上来的？

这要归功于一个人——平昌2018年冬奥会开幕式尼日利亚代表团的旗手塞恩·阿迪贡。

阿迪贡，尼日利亚人，美国国籍，1987年出生于伊利诺伊州芝加哥市。阿迪贡在小时候就展示出了出色的运动能力，高中期间由于冲刺速度和跨栏能力出色而获得了休斯敦大学的奖学金，并成为女子田径队的成员。2014年，阿迪贡第一次接触雪橇运动，从那时开始，她就萌生了代表尼日利亚参加奥运会这个项目的想法，并且开始训练。2015年，她说服了在休斯敦认识的两名田径运动员奥梅奥和阿戴博，组成了尼日利亚雪橇国家队。经过艰苦的准备和训练，这三位平凡的女性，终于取得了代表尼日利亚参加冬奥会雪橇比赛的资格。她们是非洲第一支奥运雪橇队，也是尼日利亚首支获得冬季奥运会资格的队伍。

运动装备

雪橇一般由钢刀、连接杆、滑行装置、弯弓、卧舱、手柄6部分组成。

雪橇全长70～140厘米，宽34～38厘米，高8～20厘米。单座雪橇重量不得超过20千克，双座雪橇重量不得超过22千克。比赛中所用的雪橇都是根据运动员的身高、体重和比例量身定做的。

制造雪橇的主要材料是玻璃纤维和钢材。

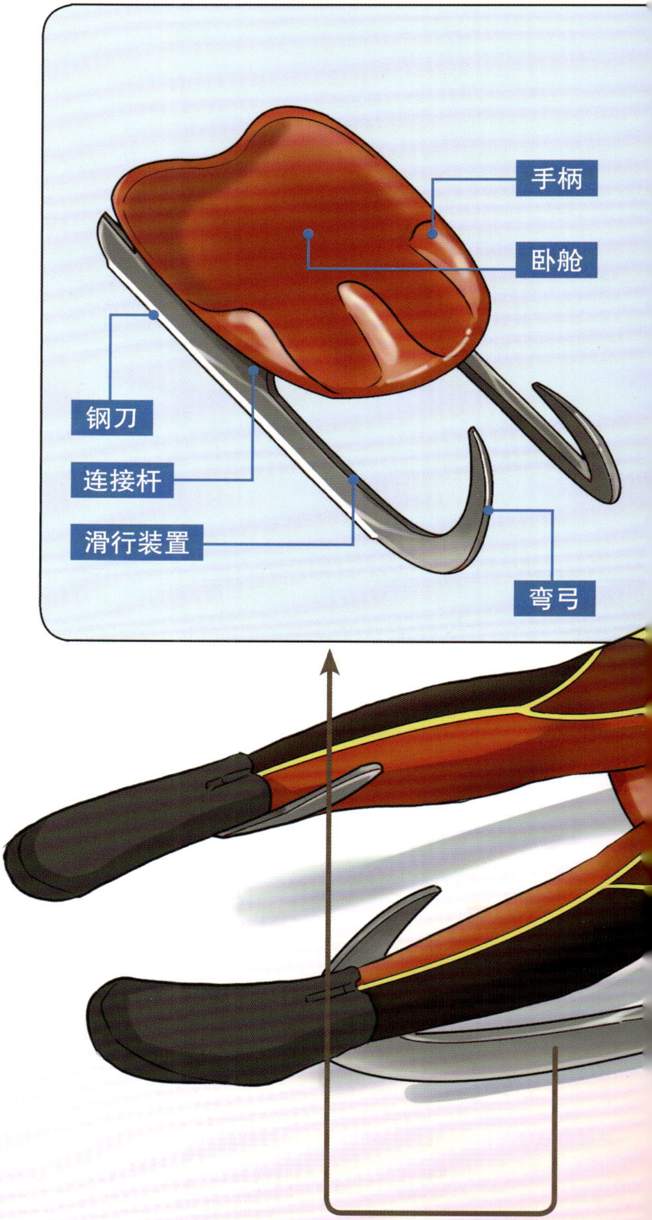

现在，经常出现在航空航天领域的碳纤维材料也应用在雪橇上啦！雪橇的重量会更轻、材质更坚实！雪橇运动员的比赛速度会越来越快！

高科技的比赛服

在雪橇比赛中,运动员的主要装备有比赛服、头盔与手套。

比赛服是连身服,表面光滑且贴身,橡胶材质,比赛中不会随意摆动或飘动,可使空气阻力最小化。脚套上有特殊拉链,会把运动员的脚拉伸至一个笔直的位置,可使迎面阻力降到最小。

头盔由合成材料或玻璃纤维制成,重量很轻,装有一个圆形的面罩,向下扩张到运动员的下巴,以减小空气阻力。

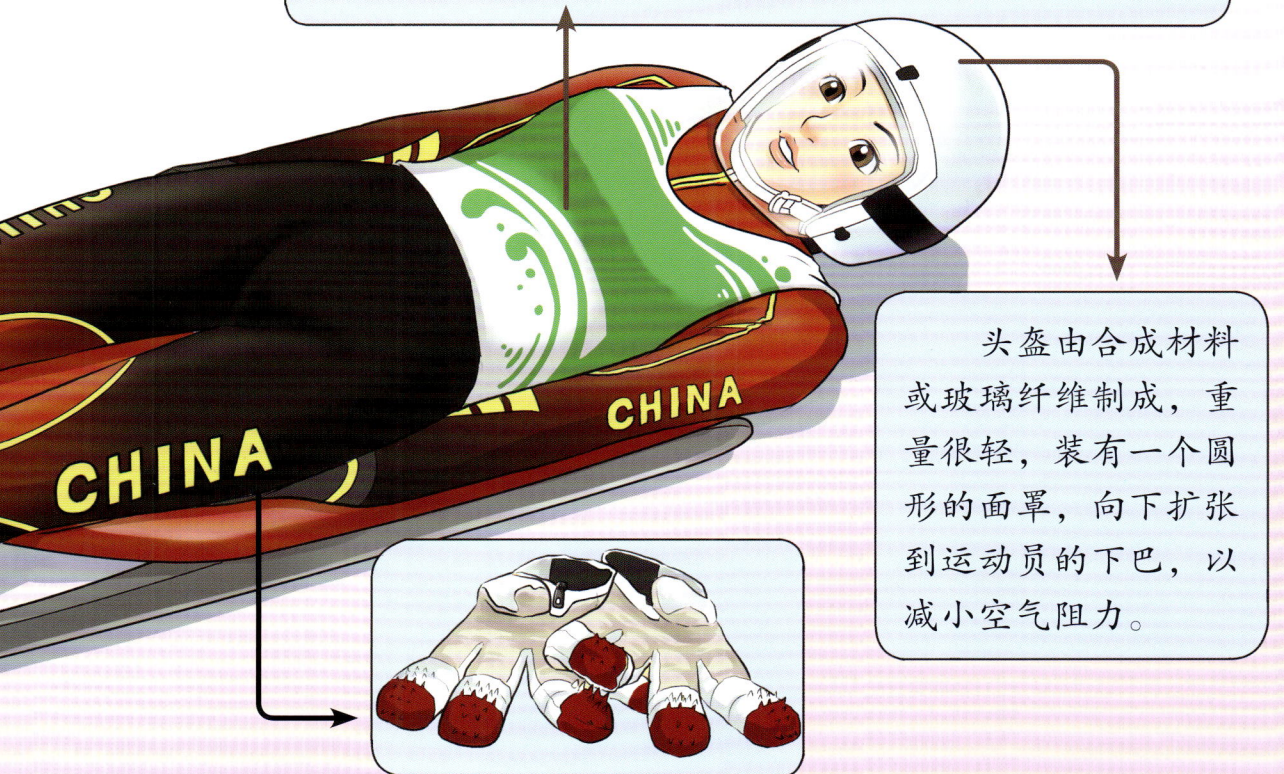

手套指尖部和指关节处镶满钢钉,方便运动员在启动时以划桨动作拍打冰面增加助力。

知识问答

请在正确答案的序号上画"√",你还可以在本书中找到相关资料检查一下哟。

选一选

冬奥会的正式雪橇比赛项目名称是什么呢?(单选)

A 马拉雪橇
B 狗拉雪橇
C 无舵雪橇

北京2022年冬奥会雪橇比赛一共有几个比赛项目呢?(单选)

A 3个
B 4个
C 5个

北京2022年冬奥会有3个滑行项目都在国家雪车雪橇中心举行,是哪3个项目呢?(多选)

A 雪橇　　B 高山滑雪
C 钢架雪车　D 雪车

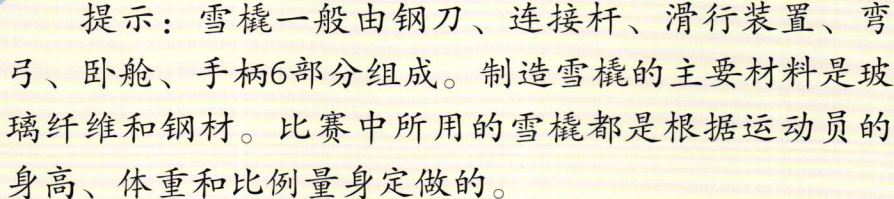

想一想

你能讲一讲雪橇的主要构造吗?

提示:雪橇一般由钢刀、连接杆、滑行装置、弯弓、卧舱、手柄6部分组成。制造雪橇的主要材料是玻璃纤维和钢材。比赛中所用的雪橇都是根据运动员的身高、体重和比例量身定做的。

为什么说雪橇是"勇敢者的游戏"呢?

提示:雪橇比赛是冬奥会中最刺激、最能体现速度的比赛项目之一。运动员从观众眼前一掠而过,疾驰向终点。运动员在雪橇高速运行中利用身体起卧变换肩腿姿势操纵雪橇,最高时速能达到140千米,极快的速度对运动员比赛造成比较大的心理挑战。艺高人胆大,高压下的比赛,真正考验着运动员的操控技术和心理素质。

项目介绍

钢架雪车，又叫"俯式冰橇"或"无舵雪车"，起源于19世纪瑞士的圣莫里茨。因为当时钢架雪车的造型和人体骨骼相类似，所以人们就把钢架雪车叫作"Skeleton"，也就是中文"骨骼"的意思，这个英文名字一直沿用到今天。

钢架雪车是一项运动员在助跑起跑后，俯身平贴在雪车上，以头部在前的俯卧姿势沿弯曲的滑道滑行的运动。滑行的动力来自运动员的推力和重力，运动员主要依靠身体移动来控制方向。

起跑
在跳上雪车前的50米距离内，尽可能地推着雪车加速

登上雪车
将雪车加速之后，迅速登上雪车

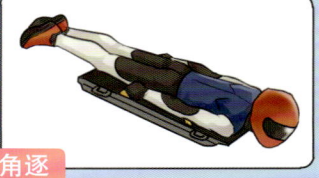

角逐
运动员通过身体向左或向右移动来驾驶雪车

成为冬奥会比赛项目后又一度被取消

1928年，在第二届瑞士圣莫里茨冬奥会上，钢架雪车就被列为了冬奥会的正式比赛项目，但之后一度被取消，直到盐湖城2002年冬奥会上，才被重新恢复为正式比赛项目。

因为钢架雪车的速度太快了，而且运动员头部朝下，危险性太高了，所以一度被取消。

现在，雪道的安全性大大提升，运动员的防护装备也得到极大改进，钢架雪车作为"贴地飞行"的一项竞速运动，在北京2022年冬奥会上分为男子单人和女子单人两个比赛项目，一共产生2枚金牌。

北京2022年冬奥会上，钢架雪车比赛共产生多少枚金牌？

比赛共产生2枚金牌

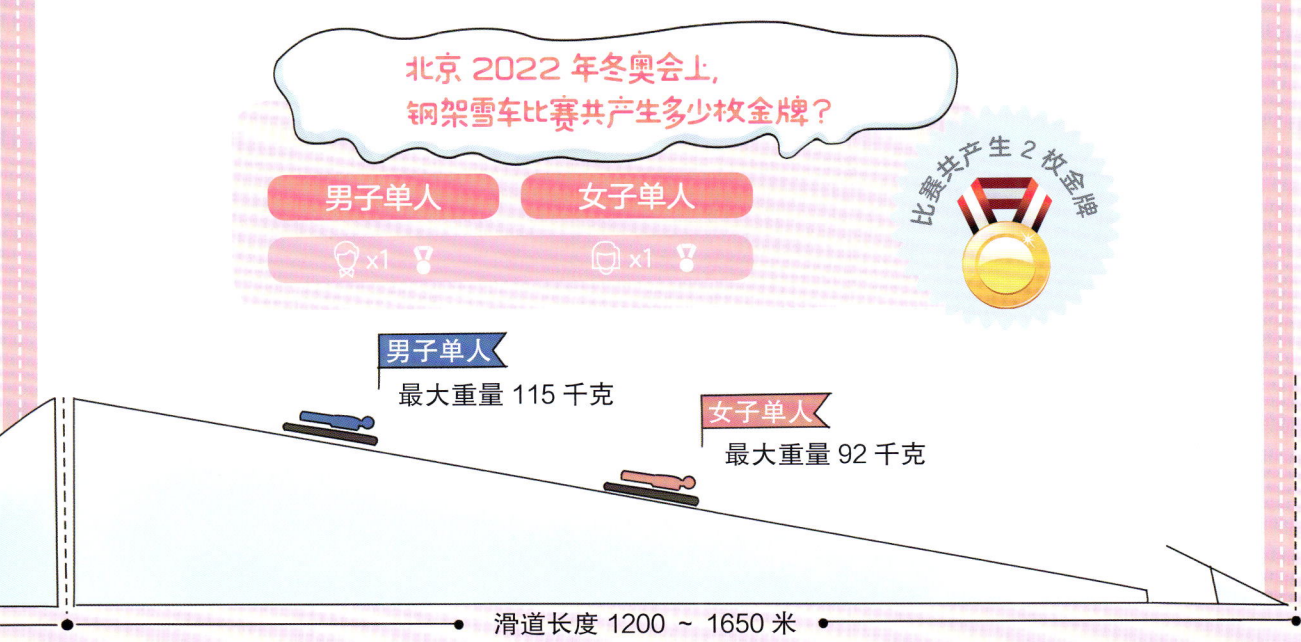

男子单人 ×1
女子单人 ×1

男子单人 最大重量115千克
女子单人 最大重量92千克

滑道长度 1200～1650米

比赛规则

运动员出发前看到的显示屏幕,绿灯亮时,运动员出发,出发时间30秒

我们知道,钢架雪车是一项危险性很高的运动,也是一项兼具技术性和挑战性的运动,这项运动需要运动员具备哪些能力呢?

起始速度很重要——爆发力

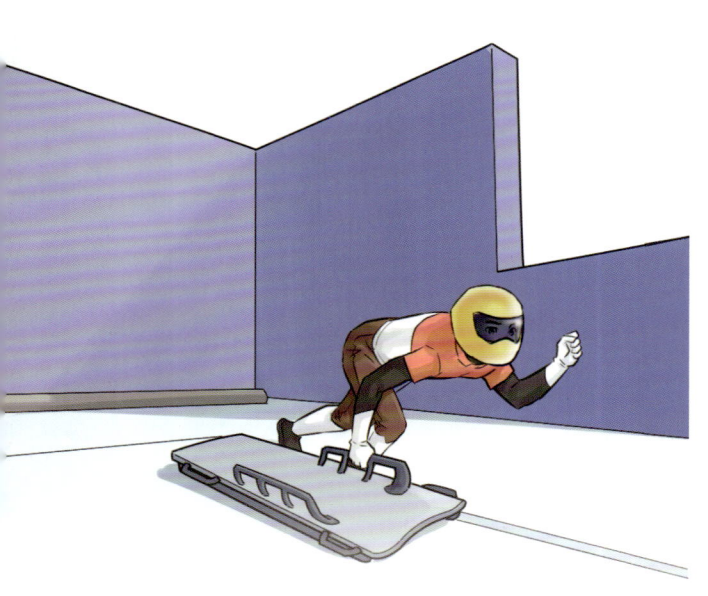

出发信号灯亮起来后,在30秒之内,运动员必须完成出发。运动员要推着钢架雪车迅速向前奔跑,有50米的距离来推动雪车做加速运动。运动员需要有极强的爆发力,让雪车获得尽可能大的初速度,经过加速后,运动员跳上钢架雪车,俯身滑行。一切出发动作必须由运动员依靠自身力量完成,不能借助外物、外力。

最高时速达 135 千米——注意力

钢架雪车依靠助跑起跑，在车上的姿势是俯卧身体，头在前，腹部始终不能离开钢架雪车，从起点到终点，谁用的时间少谁获胜。钢架雪车的速度非常快，最快速度可以达到 135 千米/小时，比赛用时会精确到 0.01 秒。滑行转弯时，压力接近于地球重力的 4 倍，在高速运动中，运动员需要非常专注，判断曲线、直线、马蹄形等不同的滑道，快速调整身体姿势，应对不同的滑行路段。由于是争分夺秒的比赛，因此不能减慢滑行的速度，运动员需要在这段时间高度集中注意力，不能分心。

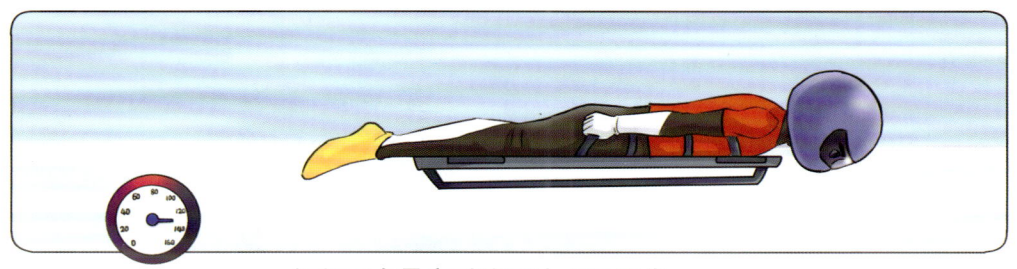

钢架雪车最高时速可达 135 千米

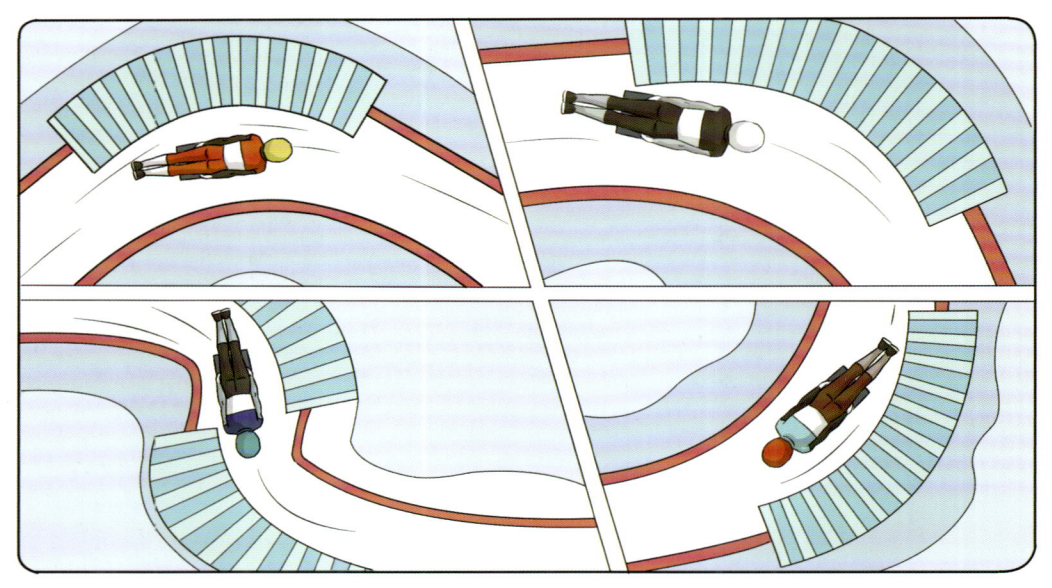

完成14～22个弯道——控制力

比赛前，运动员会提前研究赛道，记住所有的转弯。滑行经过14～22个弯道是钢架雪车比赛的重点。比赛过程中，运动员要用肩膀和膝盖控制好滑行方向，把握好每一个转弯，避免因身体的轻微偏移影响自己取得最佳成绩。

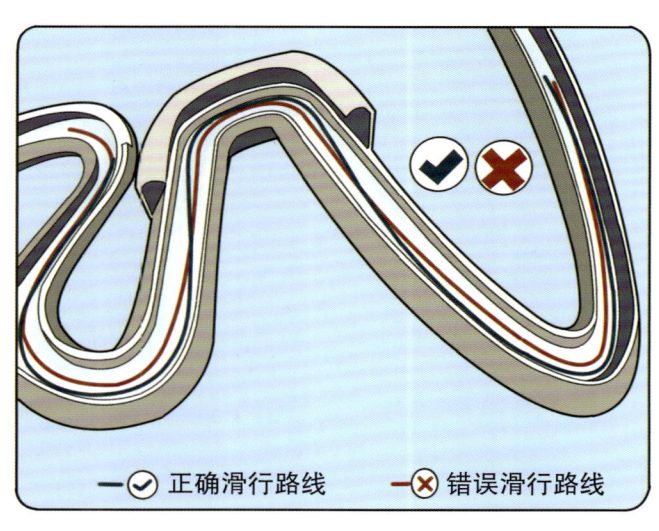

—✓— 正确滑行路线　　—✗— 错误滑行路线

在拐弯处，运动员不能只在滑道中间滑行，要交替擦边滑行。

钢架雪车的比赛规则和雪橇比赛相似，分2天进行比赛，一共进行4轮，以4轮滑行时间相加计算最终成绩，用时最短者获胜。

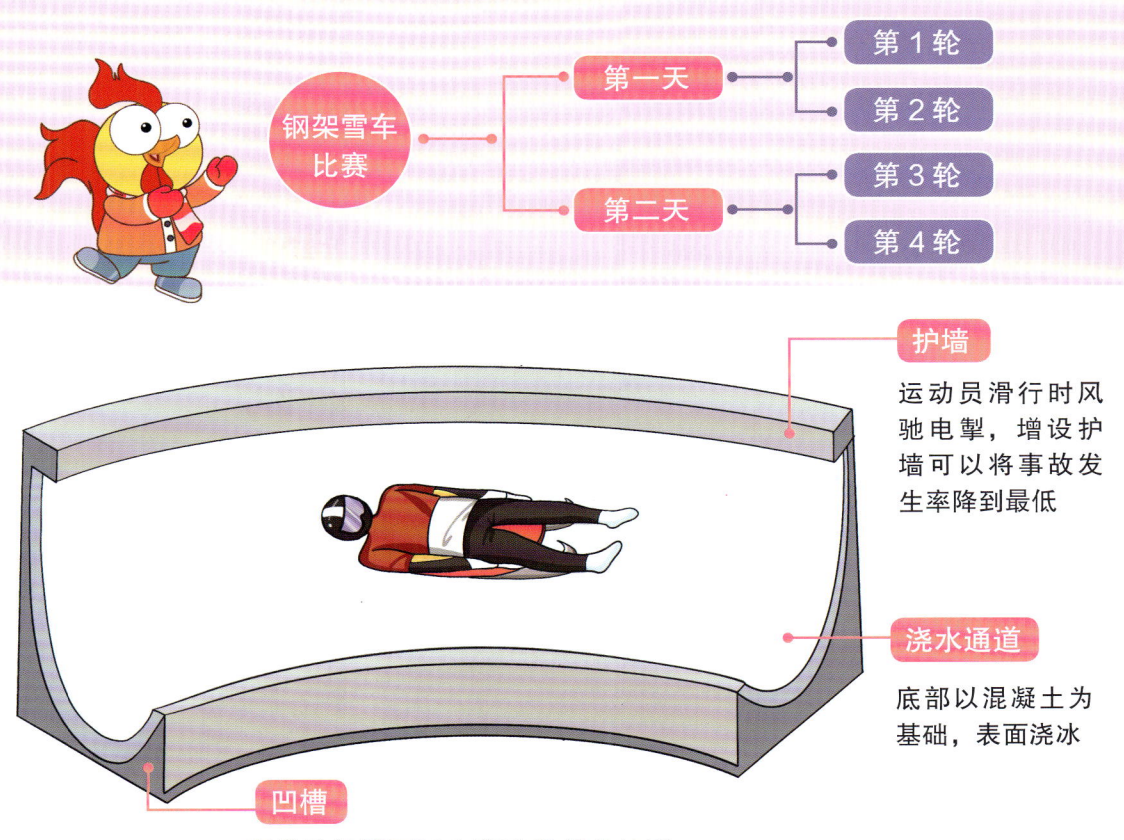

护墙
运动员滑行时风驰电掣，增设护墙可以将事故发生率降到最低

浇水通道
底部以混凝土为基础，表面浇冰

凹槽
凹槽的设置可以在高速滑行急转时，增大缓冲区，避免事故的发生

钢架雪车和雪橇项目共用一个赛道，赛道先以混凝土或木材为基材搭建，然后在表面洒水结冰，最终形成冰滑道。赛道中有护墙和凹槽，可以有效地保护运动员，防止运动员在滑行过程中由于速度太快或方向错误，发生意外而偏离出滑道的情况。

比赛场地

在中国国家雪车雪橇中心建成之前,全世界只有16条可供比赛的滑道,位于延庆赛区的国家雪车雪橇中心的滑道是第17条,北京2022年冬奥会钢架雪车的比赛和雪橇比赛一样,都将在这里举行。

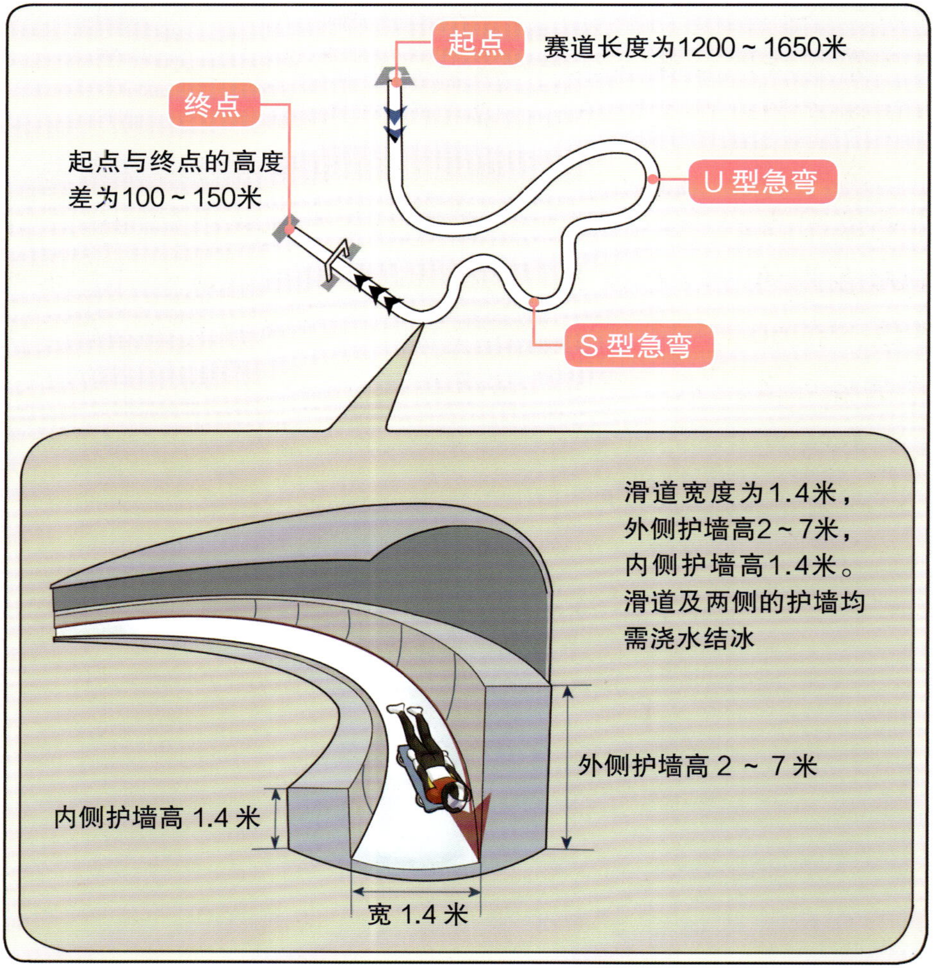

起点　赛道长度为1200~1650米

终点

起点与终点的高度差为100~150米

U型急弯

S型急弯

滑道宽度为1.4米,外侧护墙高2~7米,内侧护墙高1.4米。滑道及两侧的护墙均需浇水结冰

外侧护墙高2~7米

内侧护墙高1.4米

宽1.4米

中国钢架雪车第一人

在平昌2018年冬奥会钢架雪车男子项目比赛中，中国选手耿文强取得了第13名的成绩，这是我国钢架雪车在世界比赛中取得的最好成绩，耿文强也成为中国钢架雪车的第一人。2020年1月11日，在国际雪车联合会钢架雪车世界杯法国拉普拉涅站比赛中，耿文强获得男子第3名，中国选手首次登上该项目世界杯领奖台！

成绩的背后，是运动员辛勤的付出。钢架雪车运动员要像射出的子弹一样，以平均120千米/小时的速度在1000多米的蜿蜒赛道中飞速滑行，还要克服离心力带来的不适，在50秒左右的时间里下降100多米的高度，相当于40层楼那么高呢，难度可想而知。

取得成绩后，面对媒体，耿文强谦虚地说："我在起跑阶段还需要多多努力，技术动作需要多多熟练，再给我一两年时间巩固动作，成绩还会提升。"这些勇敢者一串串前进的脚步，会让中国的钢架雪车不再是"陪玩"的配角。

运动装备

钢架雪车运动装备最重要的功能就是安全性和科技感了，除了钢架雪车之外，主要运动装备包括头盔、钉靴和紧身连体服。头盔的主要作用是保暖、保护运动员头部不受伤。紧身连体服紧贴身体，可以减小空气阻力，最大限度帮助运动员发挥滑行技能。

男子比赛用的钢架雪车最轻为33千克，最重为43千克，钢架雪车和运动员的总重量最多为115千克。车长80～120厘米，高8～20厘米。

女子项目所用的钢架雪车最轻为29千克，最重为35千克，钢架雪车和运动员的总重量最多为92千克。车长、车高与男子项目相等。

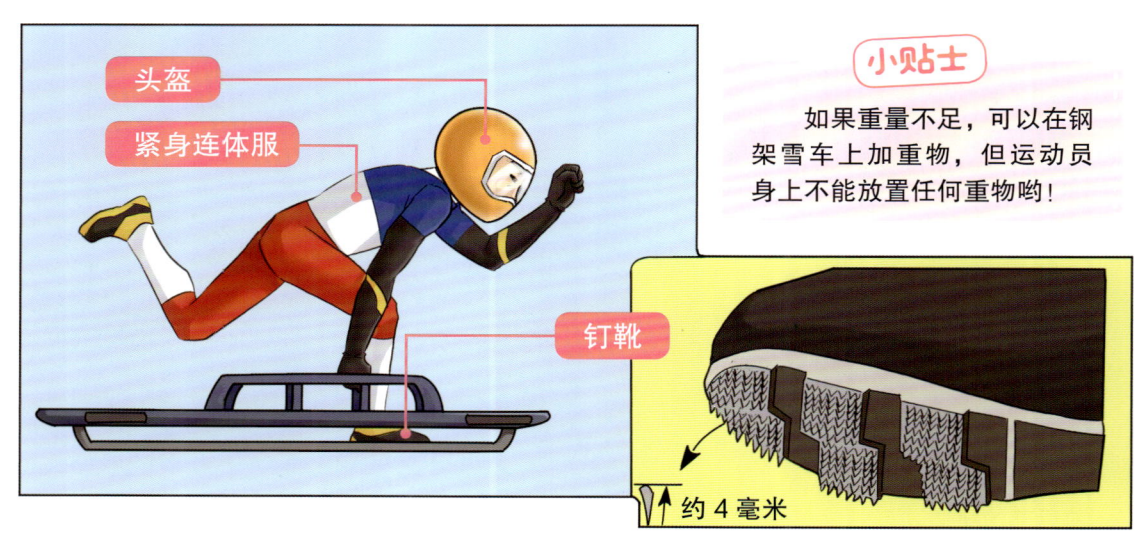

小贴士

如果重量不足，可以在钢架雪车上加重物，但运动员身上不能放置任何重物哟！

钢架雪车的钉靴很特别，鞋底有很多长钉，主要是为了增大摩擦力，让运动员在冰地上获得抓力，有利于运动员助跑。

钢架雪车主要以钢材和碳纤维类材料制成，没有转向器和制动装置，接触面（承载体）按运动员体型设计。车体两侧各有一个把手，供运动员出发时推动，也利于运动员在俯卧滑行时将身体稳定于车内。前后部的缓冲器可以避免运动员撞击冰墙，有利于运动员进行缓冲和转向。底部由钢制骨架和两根固定的管状钢刃组成，与冰面接触的钢刃部分不能有任何涂装，不能有任何可以加热的设计。

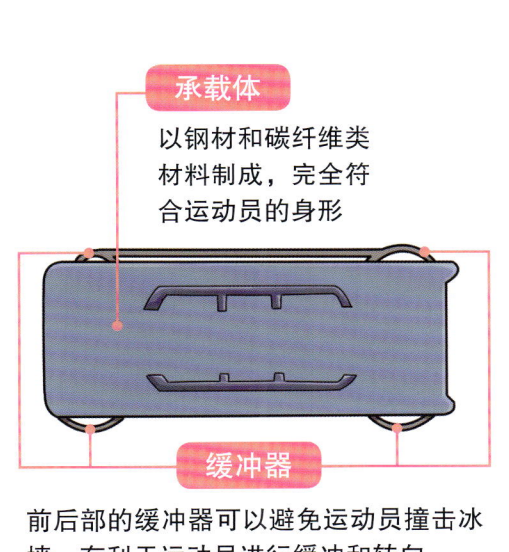

承载体
以钢材和碳纤维类材料制成，完全符合运动员的身形

缓冲器
前后部的缓冲器可以避免运动员撞击冰墙，有利于运动员进行缓冲和转向

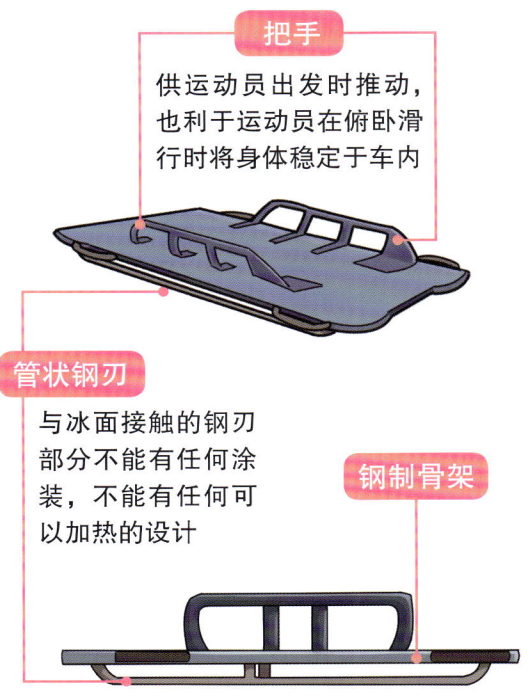

把手
供运动员出发时推动，也利于运动员在俯卧滑行时将身体稳定于车内

管状钢刃
与冰面接触的钢刃部分不能有任何涂装，不能有任何可以加热的设计

钢制骨架

"躺着"和"趴着"都能赢的两项运动，有什么区别？

钢架雪车和雪橇共用一个比赛赛道，有相似的比赛规则，那钢架雪车和雪橇的区别在哪里呢？

"姿势"不同

钢架雪车——俯身

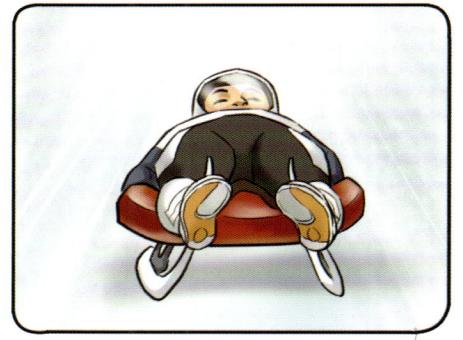

雪橇——仰面

钢架雪车运动员在"车"上的姿势是俯卧身体，头在前。雪橇运动员是仰面躺在"车"上，双脚在前。

"车"不同

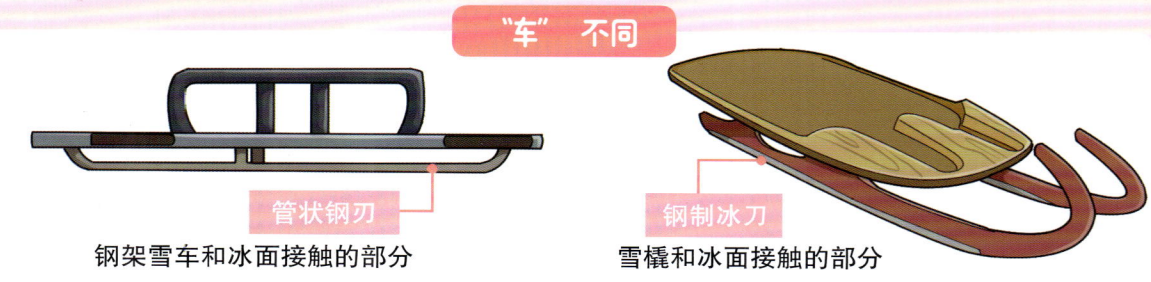

管状钢刃
钢架雪车和冰面接触的部分

钢制冰刀
雪橇和冰面接触的部分

钢架雪车和雪橇的"车"从外观上看是不同的，但两个"车"最大的不同是和冰面接触的部分。

钢架雪车和冰面接触的钢刃是管状的、圆弧状的。

雪橇和冰面接触的钢刃非常锋利，是一种钢制冰刀。

"出发"不同

钢架雪车——"跑"着出发

雪橇——"坐"着出发

钢架雪车出发时，运动员将钢架雪车向前推，经过加速后再跳上钢架雪车，然后滑行。

雪橇运动员出发时，坐在雪橇上，双手借助起点助栏，用力向后推，使雪橇向前启动。

"项目"不同

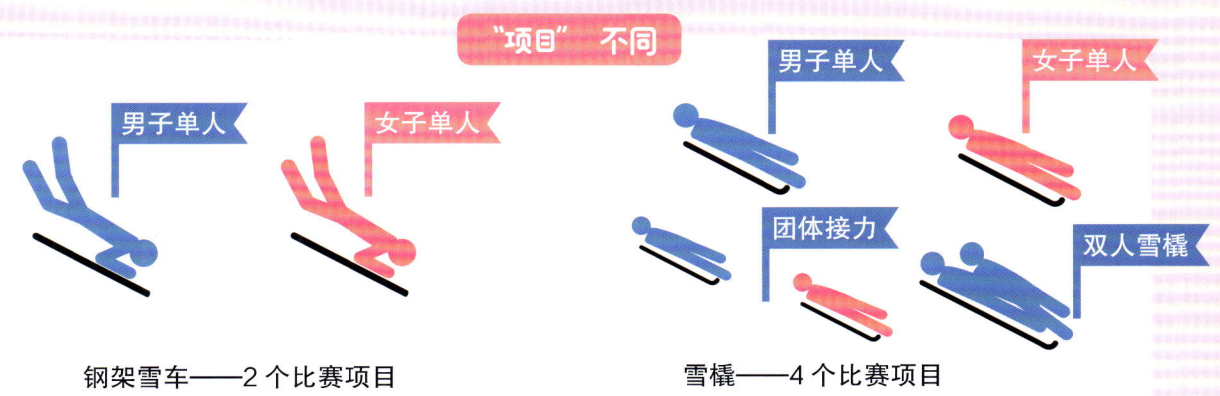

钢架雪车——2个比赛项目　　雪橇——4个比赛项目

钢架雪车分男子单人和女子单人2个比赛项目，共产生2枚金牌。

雪橇分男子单人、女子单人、团体接力和双人雪橇4个比赛项目，共产生4枚金牌。

知识问答

选一选

请在正确答案的序号上画"√",你还可以在本书中找到相关资料检查一下哟。

钢架雪车在哪一届冬奥会重新恢复为正式比赛项目?(单选)

A 圣莫里茨1928年冬奥会
B 盐湖城2002年冬奥会
C 平昌2018年冬奥会

国家雪车雪橇中心是世界上第几条可供比赛的雪车雪橇赛道?(单选)

A 17条
B 18条
C 19条

你认为钢架雪车选手需要具备哪些能力呢?(多选)

A 注意力　　　　　　B 控制力
C 爆发力　　　　　　D 换位思考能力

想一想　你能讲一讲钢架雪车和雪橇的主要区别吗?

　　提示:钢架雪车和雪橇在"车"上的"姿势"不同——钢架雪车运动员在车上的姿势是俯卧身体,头在前,雪橇运动员是仰面躺在车上,双脚在前,这是二者最大的区别。另外,钢架雪车底部的滑板是圆弧状的,雪橇底部的滑板是一种钢制冰刀。钢架雪车出发时,运动员跑着将钢架雪车向前推,雪橇运动员出发时是坐在雪橇上的。钢架雪车有2个比赛项目,雪橇有4个比赛项目。

项目介绍

雪车是由雪橇发展而来的，也叫"有舵雪橇""冰上赛车""冰上F1"，是冬奥会的传统比赛项目。雪车比赛要求运动员乘坐在雪车上，在冰道上滑行，利用舵和方向盘进行操控转弯，比赛在特定赛道内进行，到达终点用时最短的运动员获胜。

风驰电掣的运动

在观看雪车比赛时，要记得睁大眼睛，支起耳朵，看雪车嗖的一声从面前滑过去，听橇刃与冰面接触的唰唰声，体验这项速度与激情的比赛！

雪车的赛道

在瑞士的圣莫里茨，有一条世界上最古老的天然雪道——克雷斯特朗雪车赛道。以前，雪车从这里滑下时速度非常快，时常发生翻车事故。为了达到减速的目的，人们在陡坡上增加了大量转弯道，同时还把雪道表面冻成了冰面，并在雪道两侧加上护墙，降低了危险系数。1903年，同样在圣莫里茨，人们建成了世界上第一条人工雪车线路。

火帽子，为什么说雪车是冬奥会的传统比赛项目？

因为从1924年第1届夏蒙尼冬奥会开始，雪车就是正式的冬奥会比赛项目啦！

北京2022年冬奥会的雪车项目分为4个小项：男子双人、女子单人、女子双人、四人雪车，其中四人雪车为自由性别。女子单人是北京2022年冬奥会新增小项。北京2022年冬奥会雪车比赛一共产生4枚金牌。

北京2022年冬奥会上，雪车比赛共产生多少枚金牌？

男子双人	女子单人	女子双人	四人雪车
×1	×1	×1	×1

四人雪车在起跑时间6秒内,4名队员必须全部入座,只要有1名队员入座失败,他们就会失去比赛资格。

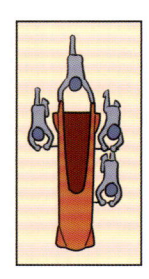 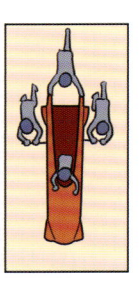 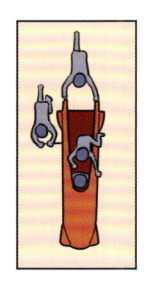 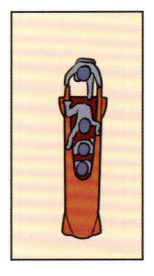 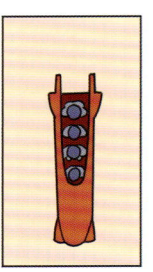

启动　　舵手就位　　中间位置就位　　刹车手就位　　比赛

雪车和钢架雪车的起点相同,规则也相似,每个小项的比赛时间是2天,每天进行2轮比赛。第1轮用抽签来决定出发顺序,从第2轮起,上一轮名次靠后的队伍先出发,依此类推。一共滑行4轮,4轮的滑行时间加起来是总成绩,滑行总用时最短的队伍获胜。

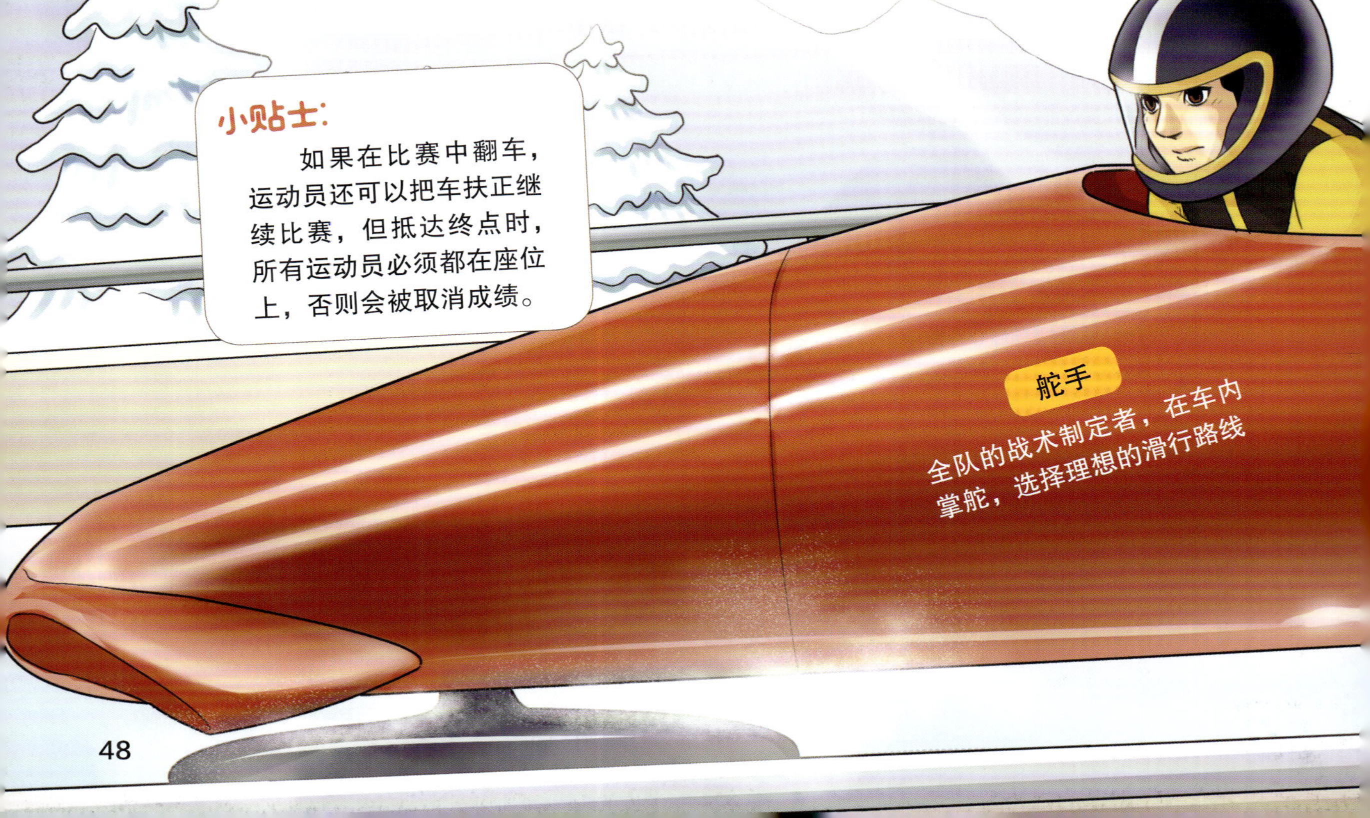

小贴士:

如果在比赛中翻车,运动员还可以把车扶正继续比赛,但抵达终点时,所有运动员必须都在座位上,否则会被取消成绩。

舵手

全队的战术制定者,在车内掌舵,选择理想的滑行路线

比赛规则

雪车比赛看起跑

起跑是雪车比赛中最重要的一环。以四人雪车为例，雪车需要在距离起点线 15 米处出发，出发信号发出后，运动员在起点处推着雪车向前奔跑启动，随后，运动员逐个跳上雪车。前座运动员负责掌舵，后座运动员负责刹车。

红袋鼠，这是为了减小空气阻力，让雪车滑行得更快！

火帽子，后面 3 名队员把头缩起来了！

中间位置
第 2 个、第 3 个运动员位置，经过弯道时，顺势倾斜身体，保证雪车快速平稳

刹车手
雪车到达终点后，使用刹车装置停止雪车滑行

运动装备

雪车虽然叫"车",但它没有车门和车窗,没有发动机,也不用加油,全靠运动员通过在起跑点的推动来启动,一旦启动,速度会快到我们反应不过来,滑行的最大速度可以达到160千米/小时。

雪车主要由雪车前部、车身、方向盘、滑行装置、制动器、领航员的推杆、2名推手的推杆构成,每一个部分都对滑行起着重要的作用。

雪车的形状与船只的形状差不多,车头都是流线型的。车底前部有一对舵板和上面的方向盘相接,车底后部有一对固定平行滑板,车尾还装有刹车装置。车身的材料一般是玻璃纤维或碳纤维,和航天材料相类似。所以,雪车比赛除了是速度的比拼,还是科技的较量。

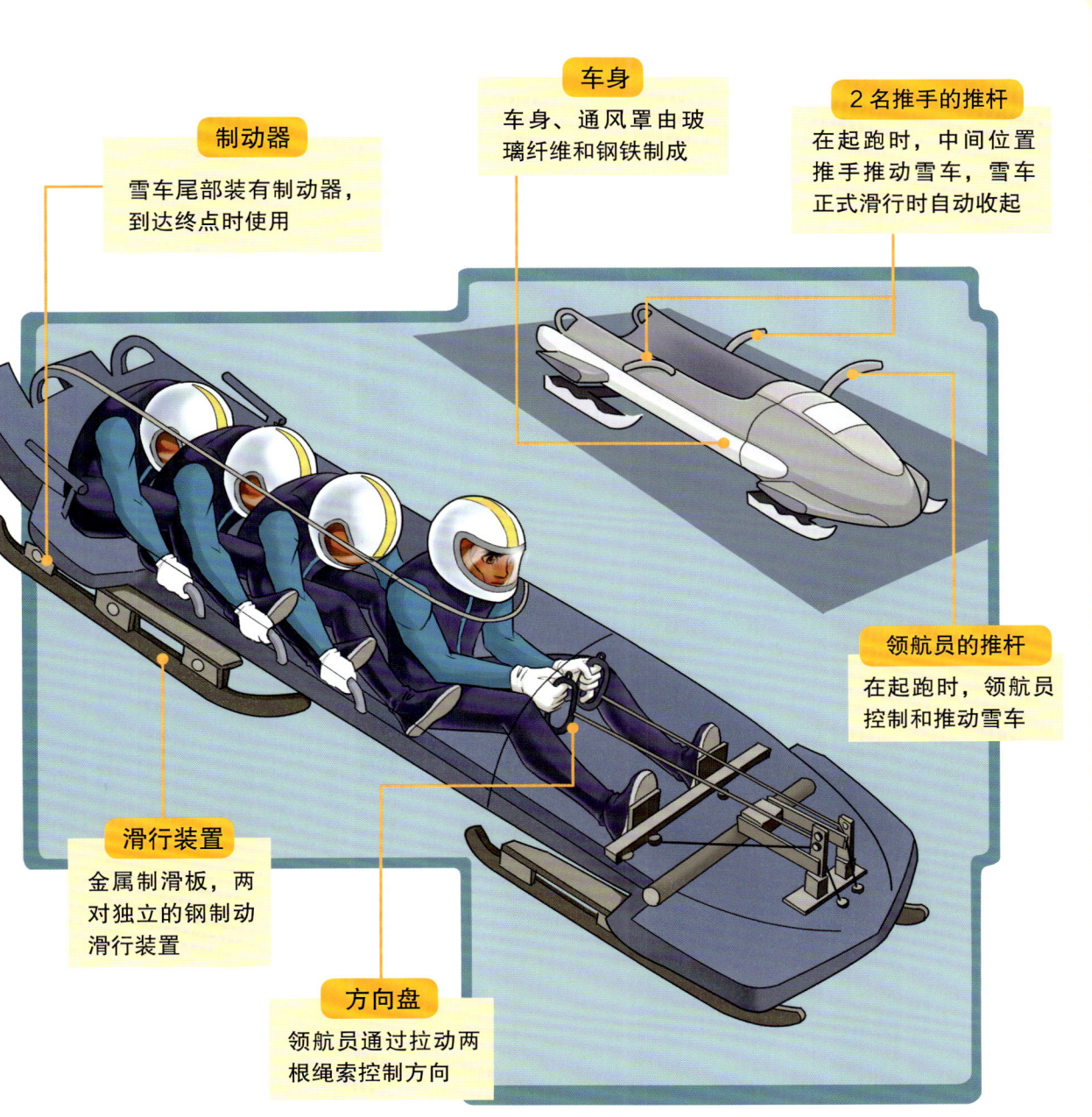

雪车在运动中受自身重力、空气阻力、道路摩擦力3个因素影响，当这3个力达到平衡时，雪车会达到理想的滑行状态。

　　两人座雪车的长度最多为2.7米，宽度最多是0.67米，运动员与装备加上雪车总重量不超过375千克。四人座雪车的长度最多为3.8米，宽度最多也是0.67米，运动员与装备加上雪车总重量不超过630千克。

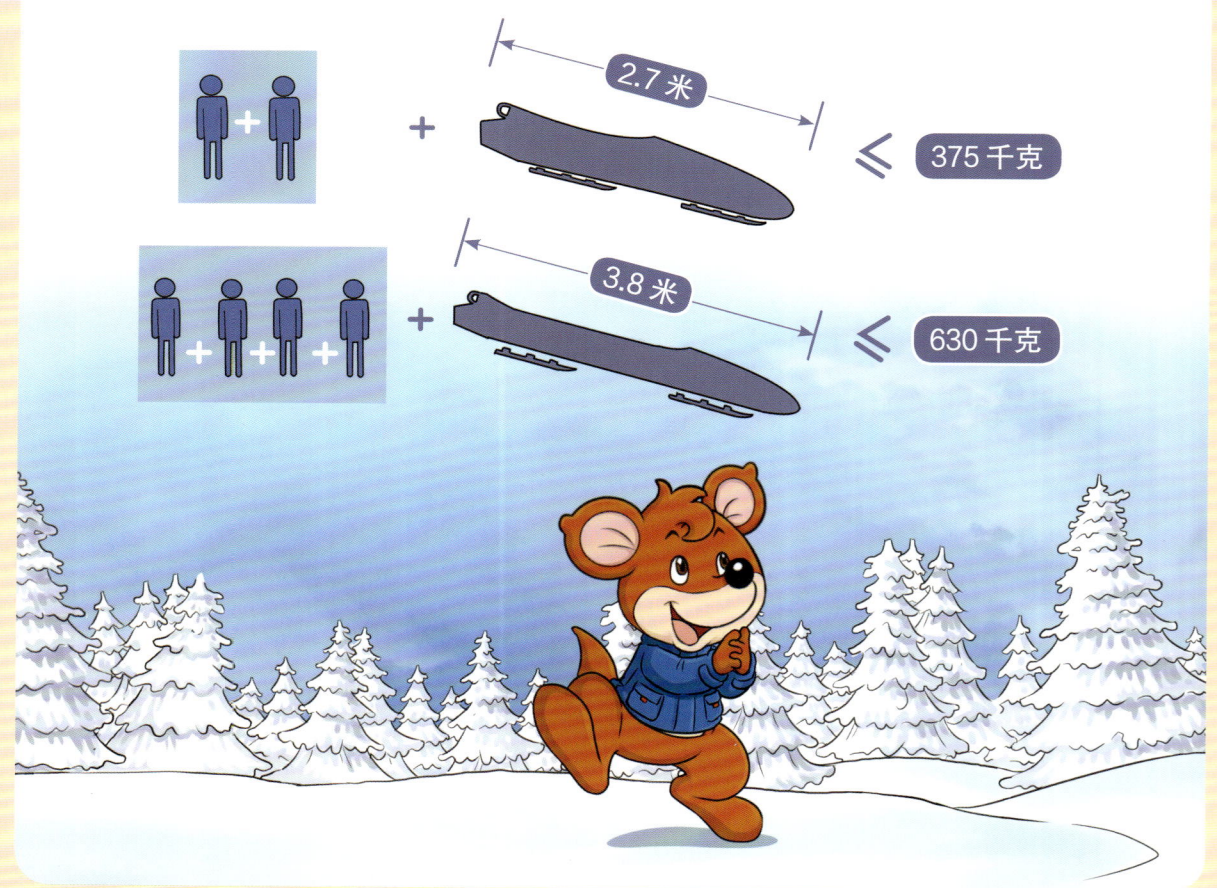

雪车赛场上的田径冠军

在奥运会赛场上，有些运动员跨界参加不同的项目已经不是什么稀奇的事了。但是美国有两名女运动员还是吸引了人们的注意，她俩不仅是田径场上的世界冠军，而且在雪车项目上也有着很好的成绩。

这两名女运动员分别是威廉姆斯和琼斯。威廉姆斯在雅典和伦敦两届奥运会田径项目上分别获得了一枚金牌和一枚银牌。琼斯在田径场上的成绩同样很优秀，在2008年和2010年的室内田径世锦赛上，琼斯获得了女子60米栏的冠军。在索契2014年冬奥会女子雪车比赛中，威廉姆斯所在的美国一队以0.1秒的微弱劣势惜败给老对手加拿大队，获得银牌。虽然与金牌失之交臂，但威廉姆斯也成为世界上第5位在夏季奥运会和冬季奥运会均夺得奖牌的选手。琼斯则在2021年雪车世锦赛女子双人项目上和队友夺得冠军。

为什么她们既能在田径比赛中获得冠军，又能在雪车比赛中取得好成绩呢？

威廉姆斯曾经说过："不管是陆上的田径跑道还是冰上的雪车跑道，只要我一踏上跑道，我就只有获胜一个目标。"

比赛场地

　　雪车、钢架雪车和雪橇的很多运动员来自田径、举重、摔跤、皮划艇等各种不同的运动项目，因为这些项目的运动员在力量和爆发力方面都比较强，他们的上肢也很有力量，所以他们可以以一个较快的速度将雪车、钢架雪车和雪橇送入雪道，让它们的速度更快！

　　在北京2022年冬奥会期间，雪车、钢架雪车和雪橇三个项目的全部比赛都要在国家雪车雪橇中心完成。

　　国家雪车雪橇中心位于延庆赛区西南侧，建筑工人在建设它时遇到了很多的困难，但是工人们勇敢地战胜了困难，如期完成了这个场馆的建设。国家雪车雪橇中心的建成使其成为世界第17条、亚洲第3条、国内第1条雪车雪橇赛道。

知识问答

选一选

请在正确答案的序号上画"√",你还可以在本书中找到相关资料检查一下哟。

雪车比赛共有几个比赛项目?(单选)

A 4个
B 5个
C 6个

雪车比赛一个赛次要进行几轮滑行?(单选)

A 2轮
B 3轮
C 4轮

雪车在运动中受哪些力的影响?(多选)

A 浮力
B 自身重力
C 空气阻力
D 道路摩擦力

想一想 为什么田径选手会参加雪车项目呢?

提示:因为雪车和田径中的项目一样,是竞速类的比赛。雪车最重要的是起跑,田径运动员在力量和爆发力方面都比较强,在雪车项目中,他们可以以一个较快的速度将雪车迅速送入雪道,这样可以让雪车的速度更快哟!

你能以四人雪车为例,说一说雪车中每位运动员的分工吗?

提示:雪车比赛开始信号发出后,4名运动员推着雪车向前奔跑,随后一个一个地跳上雪车中相应的座位。最先上车的是前面的舵手,负责调整滑行方向。最后上车的是后面的刹车手,负责刹车减速。舵手后的运动员要头部向下,减小空气阻力,在经过弯道时,要顺势倾斜身体,保证雪车快速平稳转弯。

北京冬奥会与奥运遗产

> 奥运遗产
> 你问我答

奥运会除了在比赛期间能给我们带来精彩的赛事、感动的故事外，还会给我们留下宝贵的奥运遗产。

什么是奥运遗产？

奥运遗产就是在申办、筹办和举办奥运会的过程中产生的有助于奥林匹克运动的普及、促进城市发展和造福大众的有形和无形财富的总和。

奥运遗产有哪些？

从遗产形态的角度，可分为有形遗产和无形遗产。

从宏观的角度，可分为物质遗产和精神遗产。

从微观的角度，可分为体育遗产、社会遗产、文化遗产、经济遗产、环境遗产、城市遗产等。

北京2008年奥运会形成了哪些重要的物质遗产？

奥运场馆及设施 国家体育场（鸟巢）、国家游泳中心（水立方）、国家网球中心、国家会议中心及奥林匹克森林公园等。

奥运标志及实物 北京奥运会会徽、吉祥物、火炬、奖牌、体育图标等。

奥运科技成果 国家体育场（鸟巢）钢结构设计、国家游泳中心（水立方）膜结构建设、数字高清电视转播技术、奥运火炬低温低氧燃烧技术等项目。

北京2008年奥运会形成了哪些重要的精神遗产？

三大理念 绿色奥运、科技奥运、人文奥运
北京奥运精神
志愿服务精神
助残扶残社会风尚
……

北京2022年冬奥会遗产分为哪7类？

体育遗产、经济遗产、社会遗产、文化遗产、环境遗产、城市发展遗产、区域发展遗产。

什么是"双奥遗产"？

北京是迄今为止世界上第1个既举办了夏奥会，又举办冬奥会的城市，被称为"双奥城市"。举办夏奥会和冬奥会形成的丰富的奥运遗产，被称为"双奥遗产"。

北京2022年冬奥会将会形成哪些重要的遗产？

绿色办奥，共享办奥，开放办奥，廉洁办奥的办奥理念；带动三亿人参与冰雪运动；京张体育文化旅游带……

京张高速铁路、国家速滑馆、国家高山滑雪中心、国家雪车雪橇中心、国家越野滑雪中心、国家冬季两项中心等。

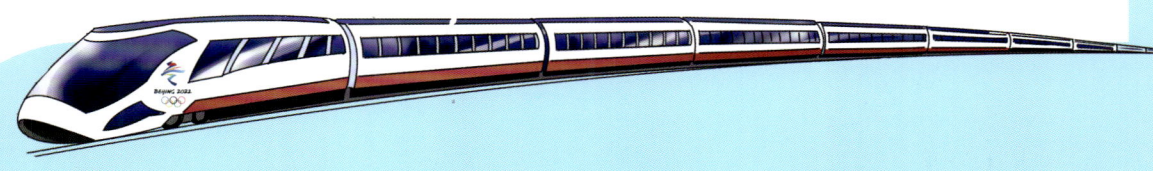

北京冬奥会三大赛区呈现出怎样的生机和面貌？

作为北京冬奥组委办公区和滑雪大跳台场馆所在地，首钢老工业区有机更新，努力实现文化复兴、产业复兴、生态复兴、活力复兴；延庆区通过推动"世园""冬奥""长城"3张金名片联动发展，大力发展特色文化体育旅游产业，促进城市绿色发展，打造生态涵养区建设新样板；张家口市加速推进基础设施建设，改善生态环境，进一步发展冰雪旅游等相关产业，使当地群众获得了更多的就业和发展机会，生活水平获得了显著提升。

赛后，冬奥场馆将如何利用？

这些场馆将聚焦群众体育健身需求，长久造福大众。北京赛区的国家速滑馆赛后将常年举办各种冰上赛事，广泛开展群众冰雪运动，成为北京市民参与体育运动的多功能场馆；延庆赛区的国家高山滑雪中心、国家雪车雪橇中心赛后都将继续作为比赛场地，用于承接和举办各类高级别相关赛事，同时为国家队提供专业的训练场地，为群众提供舒适且富有趣味性的滑雪运动场地。

全国已建成了多少冰雪场地设施？创办了哪些冰雪品牌活动？

截至2021年初，全国已建成654座标准冰场、803座室内外各类滑雪场。创办了"全国大众冰雪季""全国欢乐大众冰雪周"等群众性冰雪品牌活动，命名了千余所青少年校园冰雪运动特色学校，为大众参与冰雪运动创造了良好的条件。

基础设施的建设为我们的生活提供了哪些便利？

北京冬奥会建设开通了京张高速铁路，北京清河站至延庆站仅需要20分钟，北京清河站至张家口太子城站仅需要50分钟，大大缩短了北京到延庆、张家口之间的通行时间，为大众健身、休闲、旅游等绿色出行提供便利。

举办冬奥会，对青少年的意义是什么？

北京市中小学生奥林匹克教育及冰雪进校园系列活动覆盖全市近200所中小学的近20万中小学生及教师。张家口市大力普及推广奥林匹克教育，倡导"课堂教学＋户外实践"的青少年冰雪运动普及模式，连续3届组织"万名中小学生冰雪体验活动"，约7万名小学生参与冰雪运动，极大地推动了奥林匹克教育和冰雪运动的普及。

冬奥会对社会文明程度的影响是什么？

北京冬奥会大力实施北京冬奥会社会文明行动计划和志愿服务行动计划，全社会积极参与冬奥会筹办工作的氛围日渐浓厚，全社会文明程度显著提升。城市无障碍设施进一步完善，极大地方便了残疾人工作和生活。

截至2020年底，北京市通过"志愿北京"信息平台实名注册的志愿者人数突破443.6万人，实名注册志愿者达常住人口的20.6%。截至2021年6月，冬奥会赛会志愿者报名人数达110万。志愿服务，真心相助，残疾人与健全人和谐共融，让大众生活更加美好。

北京奥运城市发展促进会以"传承奥运遗产，促进城市发展"为宗旨，弘扬奥林匹克精神，传承北京夏奥会和冬奥会形成的"双奥遗产"，促进北京及京津冀区域可持续发展。

北京奥运城市发展促进会
http://www.beijing2008.cn/

图书在版编目（CIP）数据

探秘北京冬奥会. 雪动延庆 / 谢军总主编；苏如峰主编. -- 北京：中国少年儿童出版社，2021.10
ISBN 978-7-5148-6906-4

Ⅰ. ①探… Ⅱ. ①谢… ②苏… Ⅲ. ①冬季奥运会－北京－少儿读物 Ⅳ. ①G811.212-49

中国版本图书馆CIP数据核字(2021)第154654号

TANMI BEIJING DONGAOHUI
XUE DONG YANQING

出版发行：	中国少年儿童新闻出版总社 中国少年儿童出版社
出 版 人：	孙　柱
执行出版人：	张晓楠

责任编辑：柯　超　王志宏	责任校对：王　燕
美术编辑：张　璐	助理校对：杜晶晶
绘　　画：赵　川	责任印务：李　洋
封面设计：张　璐	

社　　址：北京市朝阳区建国门外大街丙12号	邮政编码：100022
编 辑 部：010-57526809	总编室：010-57526070
客 服 部：010-57526258	官方网址：www.ccppg.cn

印　　刷：三河市中晟雅豪印务有限公司

开　本：787mm×900mm　1/16	印张：4
版　次：2021年10月第1版	印次：2021年10月河北第1次印刷
字　数：80千字	印数：10000册
ISBN 978-7-5148-6906-4	定价：30.00元

图书出版质量投诉电话010-57526069，电子邮箱：cbzlts@ccppg.com.cn